LA LUZ

SECRETOS DE LA CIENCIA

Jason Cooper

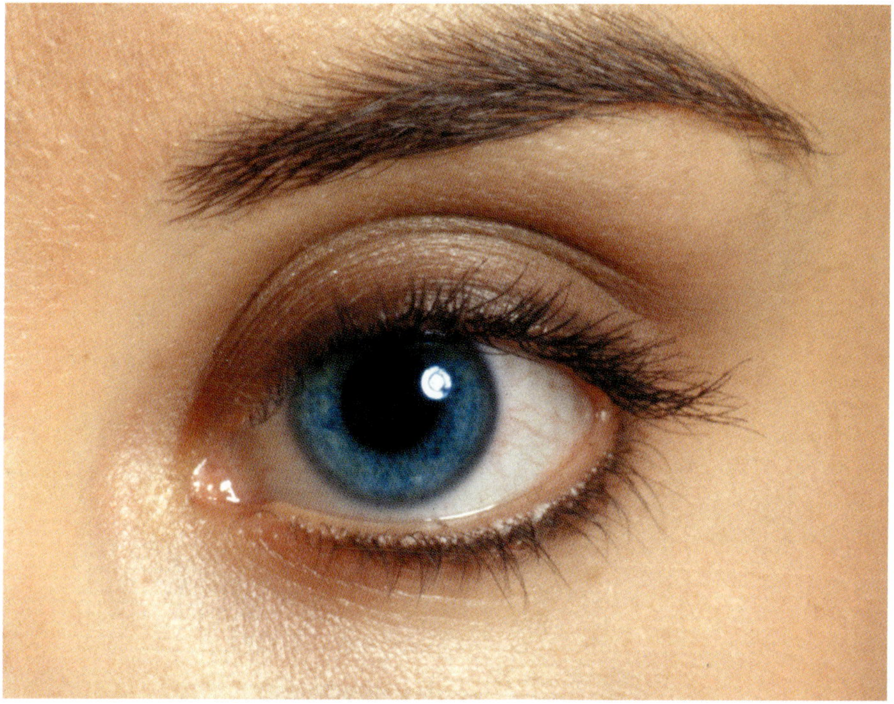

Rourke
Educational Media
rourkeeducationalmedia.com

www.rourkeeducationalmedia.com

PHOTO CREDITS: © Photodisc: Cover; © Painet, Inc.:title page, page 21; ©K-8 Images: page 4; © Lynn M. Stone: pages 8, 12, 13, 18; courtesy NASA, page 7, 17; © Archive Photo: page 10 ; courtesy Sharplan Lasers, Inc. , page 15

Title page: The human eye needs light to see.
Series Editor: Henry Rasof
Cover and interior design by Nicola Stratford
Editorial/Production services in Spanish
by Cambridge BrickHouse, Inc.
www.cambridgebh.com

Cooper, Jason
Secretos de la ciencia: La luz / Jason Cooper
ISBN 978-1-62717-247-9 (soft cover - Spanish)
ISBN 978-1-62717-448-0 (e-Book - Spanish)
ISBN 978-1-58952-777-5 (soft cover - English)

Rourke Educational Media
Printed in the United States of America,
North Mankato, Minnesota

Rourke Educational Media
rourkeeducationalmedia.com
customerservice@rourkeeducationalmedia.com
PO Box 643328 Vero Beach, Florida 32964

CONTENIDO

LA LUZ Y LA OSCURIDAD

La luz permite que la mayoría de la gente vea las cosas. En un día claro podemos ver fácilmente las cosas que nos rodean. Cuando la luz desaparece, estamos en la oscuridad.

La luz es una forma de **energía**. Obtenemos luz de varias fuentes. Producimos parte de nuestra luz. Pero la mayoría de la luz proviene de la naturaleza. Proviene del Sol.

La luz ilumina las ciudades.

LA LUZ DEL SOL

El Sol es una estrella que parece una bola de luz lejana en el cielo. El Sol produce luz y calor que viaja 93 millones de millas (150 millones de kilómetros) a través del espacio para llegar hasta nosotros.

La luz del Sol produce el día. También hace que la Tierra se mantenga lo suficientemente caliente como para que podamos vivir en la mayoría de los lugares. Sin el Sol que nos calienta, la Tierra sería demasiado fría para vivir.

El Sol: fuente natural de luz y calor

LA LUZ SOLAR Y LAS PLANTAS

La luz del Sol calienta el aire. También ilumina nuestro camino para que podamos ver las cosas. La luz del Sol es también "comida" para las plantas.

La mayoría de las plantas necesita luz solar para crecer. Entre esas plantas se incluyen las flores, las hortalizas, los árboles y el pasto. Muchos animales dependen de estas plantas pues son sus fuentes de alimentación.

Las plantas necesitan luz solar para crecer.

LA LUZ ARTIFICIAL

¿Qué pasaría si el Sol no nos iluminara? Tendríamos que ver por la noche y tendríamos que ver en lugares oscuros. En la antigüedad, las personas encendían fogatas en las cuevas y campamentos. Esto las ayudaba a ver en la oscuridad.

Con el paso del tiempo, la gente comenzó a necesitar mejor iluminación. En 1882, Thomas Alva Edison instaló una central eléctrica en la ciudad de Nueva York que proporcionaba luz a un pequeño número de casas. Hoy las personas de todo el mundo usan la luz eléctrica.

El renombrado inventor Thomas Alva Edison

Bombillo eléctrico moderno

La luz de un faro ayuda a guiar a los barcos.

LOS LÁSERES

La luz está formada por **fotones**, que son pequeños paquetes de energía. En un **láser**, los fotones trabajan juntos de una manera muy especial. Ellos producen un rayo de luz poderoso muy concentrado en un foco.

Los láseres se usan en muchos equipos comunes. Están presentes en los reproductores de CD y DVD. Los doctores usan láseres para hacer cirugías. Por ejemplo, usan el láser para operar los ojos y mejorar la visión de las personas.

Un rayo láser corta una naranja.

LA LUZ REFLEJADA

El Sol, como hemos visto, es una **fuente** de luz. Los rayos y las luces eléctricas son otras fuentes.

La Luna parece ser una fuente de luz, pero no tiene luz propia. Brilla porque el Sol la ilumina. La luz del Sol llega a la Luna y rebota hacia la Tierra. La Luna **refleja** la luz hacia la Tierra. La mayoría de las cosas que vemos no producen su propia luz, sino que la reflejan.

La Luna refleja la luz del Sol sobre la Tierra.

EL COLOR Y LA LUZ

La luz del Sol parece blanca, o amarilla, a nuestros ojos. Lo que nuestros ojos no pueden ver es que la luz del Sol es realmente una mezcla de colores.

Una flor roja absorbe todos los colores de la luz del Sol que le llegan. Solo el color rojo se refleja. Del mismo modo, las hojas verdes absorben todos los colores excepto el verde.

Una flor roja refleja el color rojo.

¿CÓMO VEMOS LA LUZ?

¿Cómo podemos ver la luz? La luz entra por una abertura del ojo, conocida como **pupila**. Otras partes del ojo reaccionan a la luz y envían mensajes al cerebro. El cerebro entonces hace una foto de lo que ve el ojo.

Una persona no sería capaz de ver nada sin luz. Un búho tiene una vista excelente, incluso cuando la luz es tenue. Pero ni siquiera un búho puede ver en completa oscuridad.

Algunas personas son ciegas y no ven nada. Otras tienen visión limitada. Algunas de las causas de los problemas con la visión están en los ojos, y otras causas se encuentran en el cerebro.

La pupila es el centro negro del ojo.

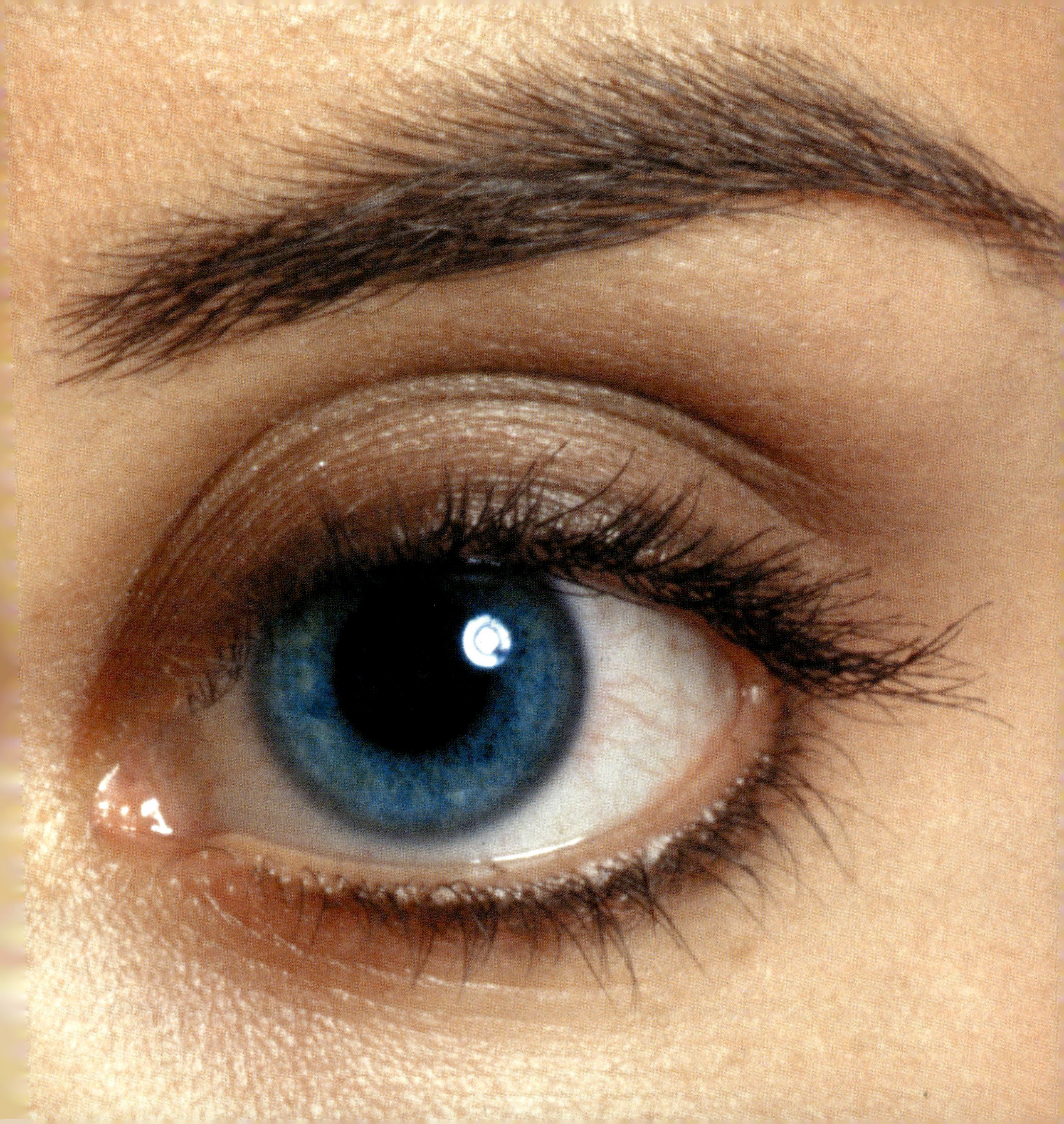

LA VELOCIDAD DE LA LUZ

La luz viaja a 186,000 millas (300,000 km) por segundo. La luz solar reflejada por la Luna demora menos de un segundo en llegar a la Tierra.

Puedes bloquear el camino de la luz. También la puedes doblar. Por ejemplo, el vidrio curvado curva la luz. Esto cambia cómo se ven las cosas. Pueden parecer más grandes y más cercanas. O pueden parecer más alejadas.

Hoy, la mayoría de los científicos creen que nada se mueve más rápido que la luz.

GLOSARIO

energía — poder, habilidad de hacer trabajo

fotones — pequeños paquetes de energía luminosa

fuente — lugar de donde proviene algo

láser — rayo de luz concentrado, usado en la medicina y las comunicaciones, entre otros campos

pupila — parte del ojo que deja entrar la luz

refleja — rebota

Índice

Más lectura

Branley, Franklin M. Day Light, Night Light: Where Light Comes from. New York: HarperCollins, 1998.
Madgwick, Wendy. Light and Dark. Austin: Raintree Steck-Vaughn, 1998.
Tocci, Salvatore. Experiments with Light. Danbury, CT: Children's Press, 2001. .

Sitios de la internet

www.spie.org/web/oer/august/aug00/maiman.html
www.bell-labs.com/history/laser/
library.thinkquest.org/11924/light.html
www.energyquest.ca.gov/scientists/edison.html

Sobre el autor

Jason Cooper ha escrito varias series infantiles sobre varios temas para Rourke Publishing, incluyendo *Cara a cara con los grandes gatos* y *El poder del dinero*. Cooper viaja por todo el mundo para recopilar información para sus libros.